Origami
Phantasievolle Dekorationen in traditioneller Falttechnik

Vorwort

Die traditionelle japanische Kunst des Papierfaltens hat in den letzten Jahren auch in der westlichen Welt immer mehr Anhänger gefunden.

Auf dem Buchmarkt gibt es ein reichhaltiges Angebot an Origami-Büchern. Wenn die fantasievollen Figuren fertig sind, bleiben sie eine Weile zur Freude der Betrachter stehen, danach verschwinden sie in Schubladen und verstauben in Regalen.

Nachdem die Formen mit viel Liebe und Aufwand gefertigt worden sind, sollten sie aber einen dekorativen Nutzen finden und dem Betrachter noch lange Freude bereiten.

Unser Buch zeigt Ihnen Möglichkeiten, wie die fantasievollen Figuren sinnvoll zur Gestaltung verwendet werden können.

Ob als Tischdekorationen oder als Pflanzendekoration – bei Ihnen liegt die kreative Ausführung. Wir möchten mit unserem Buch viele Anregungen geben.

Tradition des Origami

Material und Werkzeug

„Origami" bezeichnet die jahrhundertealte japanische Kunst des Papierfaltens. Ursprünglich wurde nur mit quadratischen Papieren gearbeitet, ohne Schnitte und ohne Klebemittel.

Wir haben versucht, uns an diese überlieferten Vorgaben zu halten, bis auf wenige Figuren, bei denen mit Schnitt oder Kleber nachgeholfen wurde.

Traditionelle Figuren der Japaner waren der Helm, das Doppelboot, die Puppe, die Dschunke und der Kranich. Sie wurden Geschenken beigelegt.

Bei unserer Arbeit sind wir etwas von den traditionellen Formen abgewichen oder haben weiter entwickelt, um dem Sinn unseres Buches gerecht zu werden: Origami in dekorativer Anwendung.

Natürlich ist das Papier das wichtigste Arbeitsmaterial für dieses Hobby. Da in letzter Zeit ein reichhaltiges Angebot an Papier in den Geschäften vorhanden ist, haben Sie die große Auswahl.

In Fachgeschäften finden Sie spezielles Origami-Papier, welches auf beiden Seiten einfarbig gefärbt ist. Daneben haben Sie aber auch die Wahl zwischen bedruckten, beschichteten und folienartigen Papieren. Wichtig für Sie ist die Reißfestigkeit des Papiers, Knicke dürfen nicht brechen. Dünnes Papier ist dickem vorzuziehen, wenn die Form viele aufeinanderliegende Faltungen erfordert. Nach ein paar Übungen mit unterschiedlichem Papier werden Sie Ihre Wahl leichter treffen können.

Japanische, weichere Papiere sind z.B. ideal für die Figur der Rose. Hierbei muß das Papier zum Schluß gezogen werden. Dagegen ist für die Lilie ein dünnes, festes Material wichtig, weil diese Form eng gefaltet werden muß.

Für einige Figuren braucht das Papier nur auf einer Seite farbig zu sein, für andere müssen beide Seiten nutzbar sein. So kann entsprechend der Figur, die entstehen soll, das passende Papier von Ihnen ausgesucht werden. Schon dabei ist Ihre Kreativität gefragt, und Sie werden viel Freude beim Aussuchen haben.

Außer Papier benötigen Sie ein Lineal – am besten mit Winkel und cm-Einteilung –, eine Schere, einen Bleistift und ein Falzbein oder ähnliches zum Glattstreichen jeder Faltung für besseren Halt.

Falttechniken und Grundformen

Um die dekorativen Figuren nachzuarbeiten, müssen Sie darauf achten, daß jeder Faltvorgang exakt ausgeführt wird. Genauigkeit ist eine wichtige Voraussetzung für das Gelingen komplizierter Formen.

Um Ihnen das Falten zu erleichtern, haben wir jeden Faltvorgang zeichnerisch festgehalten. Zusätzlich erklären Worte die einzelnen Schritte.

Grundarten der Falttechnik wollen wir vorab erklären, damit die Herstellung der einzelnen Figuren besser zu verstehen ist.

1. Die Talfalte
   Die untere Hälfte des Papiers wird von nach oben gefaltet, dann das Papier wieder geöffnet.

2. Die Bergfalte
   Die untere Hälfte des Papiers wird hinten nach oben gefaltet, dann wieder zurückgeklappt.

3. Die Gegenbruchfalte
   Eine Gegenbruchfalte kann nach innen und nach außen gelegt werden.
   Entlang der gestrichelten Linie die Spitze nach vorn und nach hinten legen.
   Bei der Innenfalte wird die Spitze durch die Mitte nach innen gefaltet.
   Bei der Außenfalte wird die Spitze über den Knick nach außen gelegt.

1.

2.

3.

Tischdekoration

Asiatisches Essen

Wollen Sie zu einem asiatischen Essen einladen, kann die Origami-Figur „Rose" Ihre Tischdekoration verschönern. Auf einem Silbertablett wird die Rose zur Seerose und damit zum Mittelpunkt auf dem gedeckten Tisch. Dabei ist die Wahl der Farben ausschlaggebend.

Typische Farbzusammenstellungen für den asiatisch gedeckten Tisch sind Schwarz und Rot. Nehmen Sie dazu ein paar grüne „Seerosen" mit weißer Füllung, so ist die Farbkomposition perfekt.

Aber auch milde, weiche Farben können eine asiatische Atmosphäre verbreiten. Denken Sie nur an die Farbtöne zwischen Rotorange und Aprikot. Sie brauchen die Farben nur passend zu Ihrem Geschirr und zu der restlichen Tischdekoration auszuwählen.

Stellen Sie für jeden Gast ein Muschelschälchen oder einen kleinen Teller an den Platz, für Zitronenscheiben oder ähnliches, so können Sie das Schälchen mit einer einzelnen Doppelblüte dekorieren. Bei den Farbzusammenstellungen – auch einer dreifach ineinandergesteckten Blüte – sind Ihrer Fantasie keine Grenzen gesetzt. Es wird Ihnen Freude bereiten, mit unterschiedlichen Papiersorten und Farben immer wieder neue Blüten zu zaubern. Besonders gut läßt sich weiches, japanisches Papier zur Rose verarbeiten.

Familienfest

Bei Hochzeitsfeiern, Taufen und ähnlichen Familienfesten verschönern Rosen aus weißer Folie oder changierendem Papier Ihren festlich gedeckten Tisch. Zwei unterschiedlich große Blüten ineinandergesteckt, lassen die „Rose" doppelt erblühen. Nun kann man diese dekorativen Blumen seitlich an die Tischdecke stecken oder sogar an Ihre Fenstervorhänge. Besonders gut verstärkt diese Origamiblüte die Stimmung auf einem nostalgisch gedeckten Tisch.

In Rosen aus zartem, durchschimmerndem Papier oder aus der Serviette Ihrer Tischdekoration gefaltet, können Sie Teelichter stellen, so daß jeder Gast zu seinem Gedeck eine kleine Kerzenbeleuchtung erhält. Zu einer Tasse Kaffee oder Tee kann man ein erlesenes Stück Konfekt in eine Rose gelegt reichen. Diese Blüte sollte aber aus festem Papier gefertigt sein, so daß sie ihren Inhalt tragen kann.

Auch zu Ihrem modernen Geschirr paßt die Origami-Rose. Das Papier und die Farbwahl sind hier ausschlaggebend. Zu Tischdekorationen aus Weiß und Silber werden Sie sicher kühle Farben für die Rose wählen. In Weiß, Blau und Türkis kann die Blüte zur Dekoration auf dem Tellerrand oder einfach auf dem Tisch verstreut liegen.

Rose

1. Ein quadratisches Blatt Papier diagonal falten.
2. Die vier Ecken zur Mitte hin falten.
3. Vorgang wiederholen.
4. Noch ein drittes Mal falten.
5. Die Figur wenden.
6. Nochmals die vier Ecken zur Mitte falten.
7. Vorsichtig die hinten zu oberst liegenden vier Ecken über die Spitze nach vorn ziehen.
8. Dann die darunterliegenden vier Ecken von hinten etwas vorziehen.

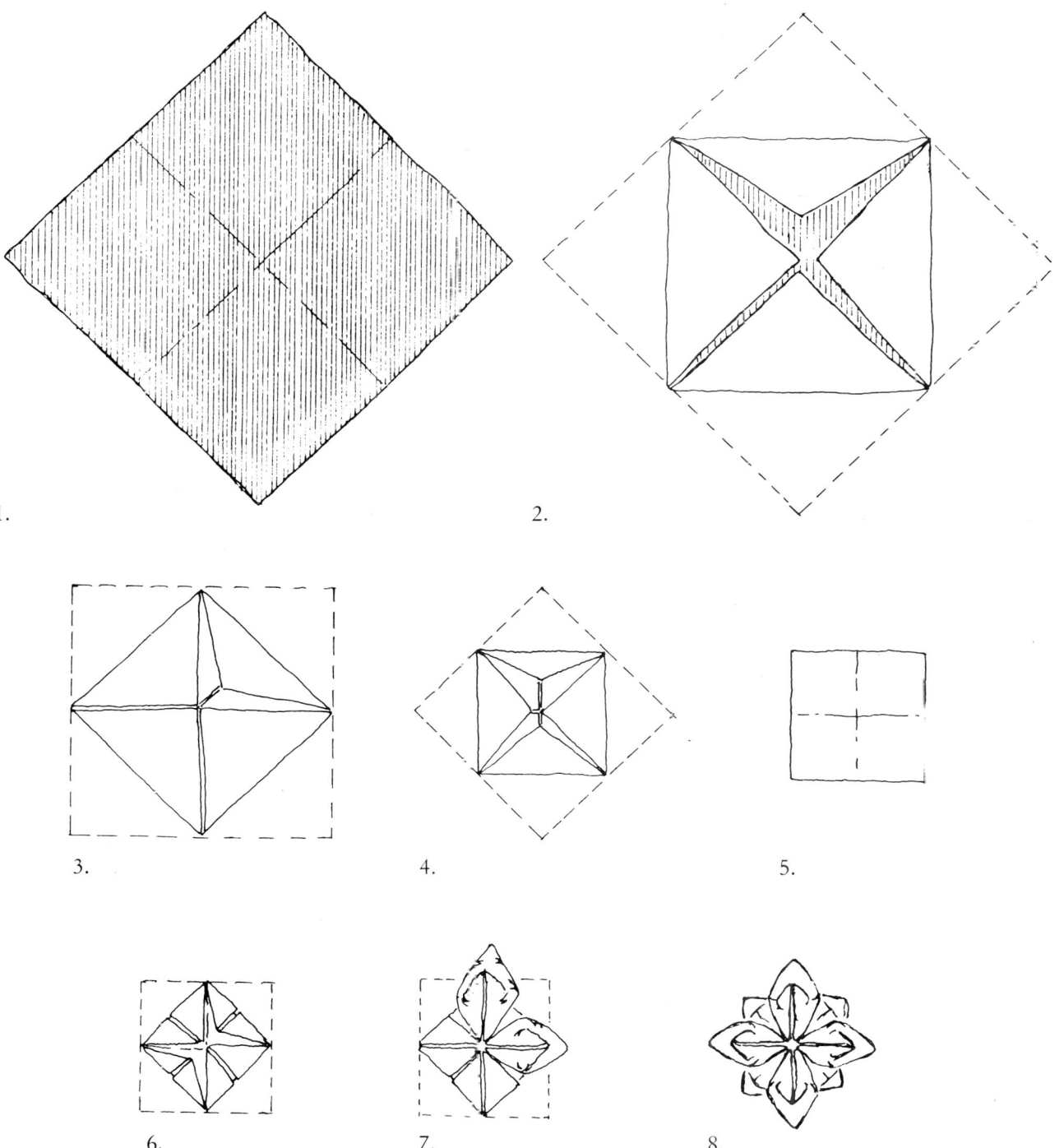

1.

2.

3.

4.

5.

6.

7.

8.

Kindergeburtstag

Bei Kindergeburtstagstischen ist eine fantasievolle Dekoration besonders wichtig. Hier wird eine fröhliche Stimmung erwartet, die durch eine bunte Farbauswahl unterstützt werden kann. Als Motive eignen sich die Origami-Figuren Dampfschiff, Segelschiff und besonders gut das Windrad.

In buntem Farbgemisch und passend zu den Süßigkeiten werden die Schiffe dekorativ auf den Tisch gestellt. In kleinen Gruppen um den Kuchen herum oder einzeln auf jeden Teller. Die kleinen Dampfschiffe können mit etwas Watte zum „Rauchen" gebracht werden, was sie beweglicher erscheinen läßt. Die Geburtstagsgäste werden viel Freude haben, wenn sie diese schönen Figuren mit nach Hause nehmen können.

Für die Schiffe sollten Sie festes Papier wählen, das beidseitig gleich gefärbt ist.

Segelschiff

1. Ein quadratisches Papier an einer Diagonalen knicken.
2. Eine Spitze so falten, daß der rechte Winkel halbiert wird.
3. Wieder öffnen und als Gegenbruchfalte arbeiten. An dieser Hilfslinie falten und
4. nach innen als Gegenbruchfalte arbeiten.

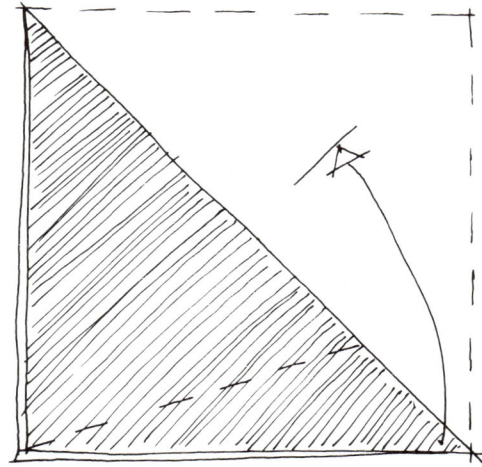

2.

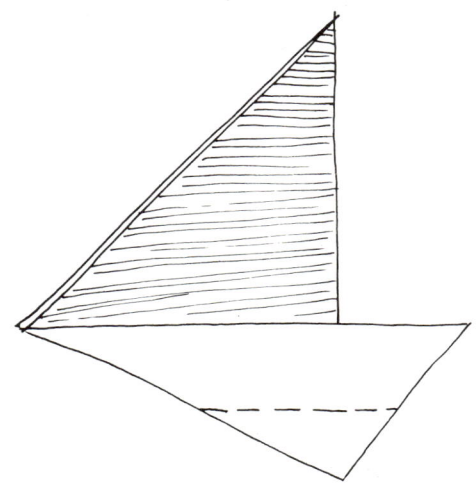

3.

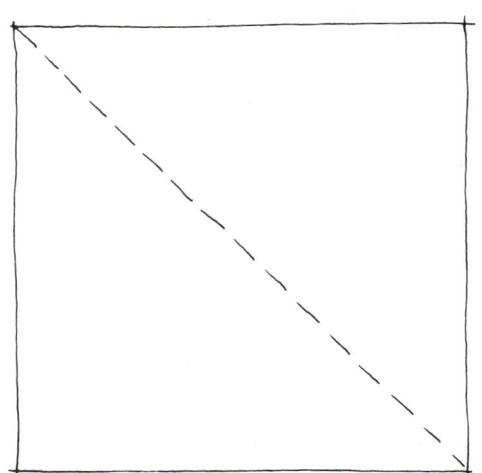

1.

4.

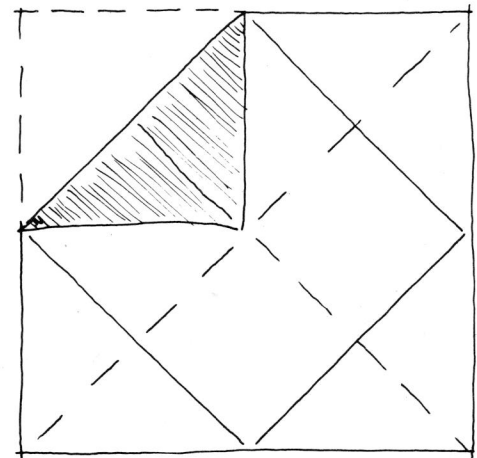

1.

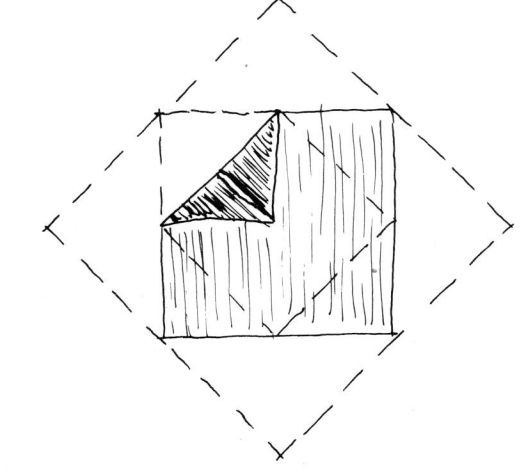

3.

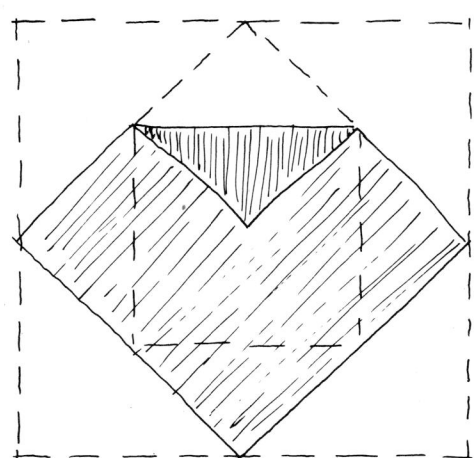

2.

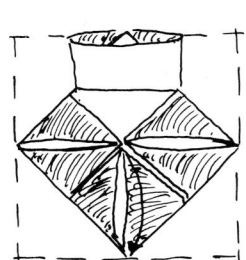

4.

Dampfschiff

1. Ein quadratisches Papier in beiden Diagonalen falten und dann alle 4 Ecken zur Mitte hin knicken.
2. Das Papier wenden und wieder alle 4 Ecken zur Mitte hin falten.
3. Wiederum wenden und alle 4 Ecken ebenfalls zur Mitte hin knicken.
4. Die Figur wieder wenden und von der Mitte heraus 2 gegenüberliegende Spitzen nach oben, bzw. nach unten drücken.
5. Nun die beiden anderen Spitzen anheben und
6. das Dampfschiff zusammenklappen.

5.

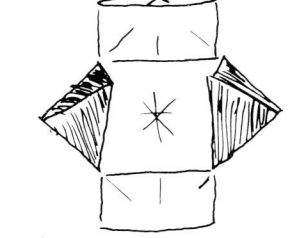

6.

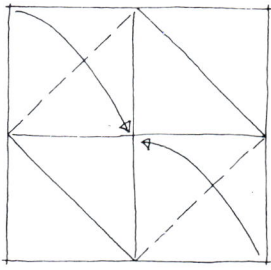

1.

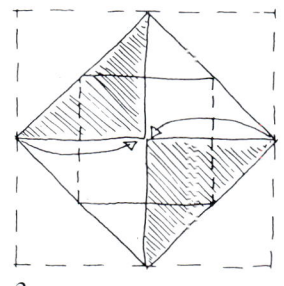

2.

Weitere Unterstützung für eine gelungene Kinder-party erhalten Sie durch die Origami-Figur des Windrades. Diese Form ist schnell gefaltet und wird in der Mitte mit einer Stecknadel gehalten, die man z. B. an einen Strohhalm stecken kann. So dreht sich das Windrad beim Pusten. Große und kleine Windräder in bunten Farben gefallen besonders den kleineren Kindern.

Auch für diese Figur brauchen Sie ein festes Papier, das von beiden Seiten gefärbt ist.

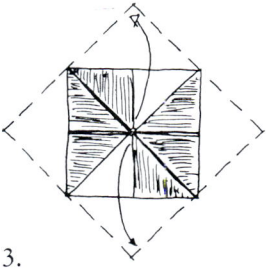

3.

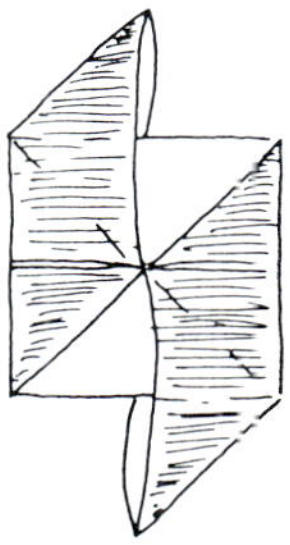

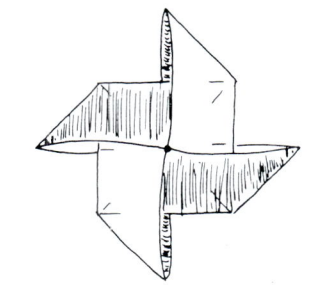

4.

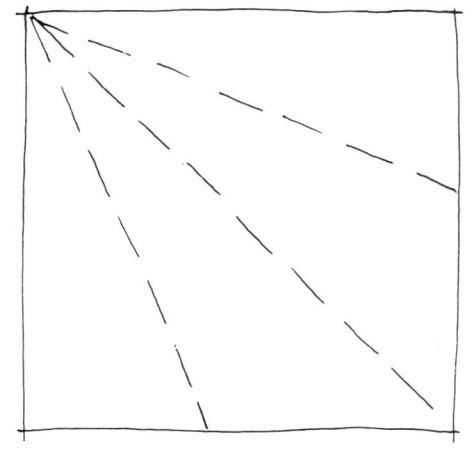

1.

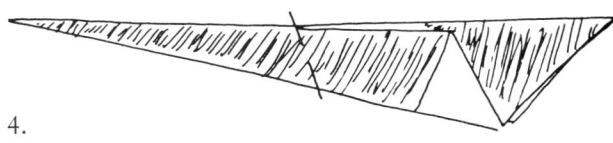

4.

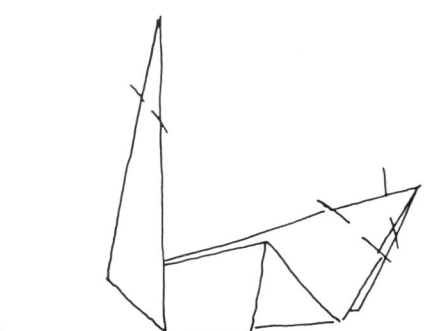

5.

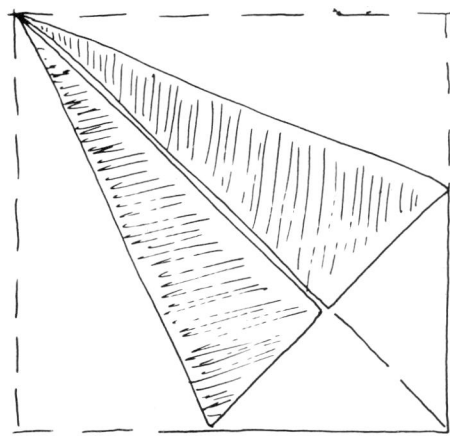

2.

6.

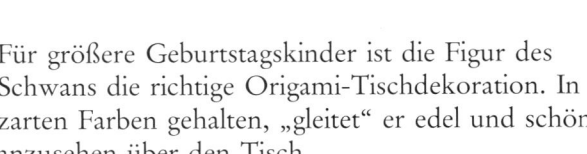

3.

Für größere Geburtstagskinder ist die Figur des Schwans die richtige Origami-Tischdekoration. In zarten Farben gehalten, „gleitet" er edel und schön anzusehen über den Tisch.

Die Form des Schwans benötigt etwas mehr Zeit. Das Papier muß fest sein und die Faltungen exakt ausgeführt werden. Doch die Mühe lohnt sich, Sie werden Gefallen finden an einer Schwanenfamilie in unterschiedlich großen Formen.

Schwan

1. Ein quadratisches Papier an einer Diagonalen falten. Die beiden gegenüberliegenden Ecken zur Mittellinie hin knicken.
2. Die Figur zusammenklappen.
3. Die offene Seite zur Diagonalen hin falten.
4. An der Hilfslinie knicken und Gegenbruchfalte arbeiten.
5. Für Kopf und Schwanz an den Hilfslinien falten und die Gegenbruchfalten ausarbeiten.

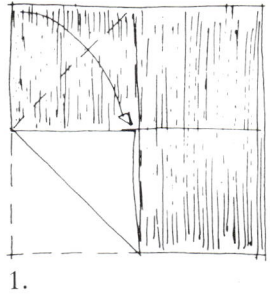

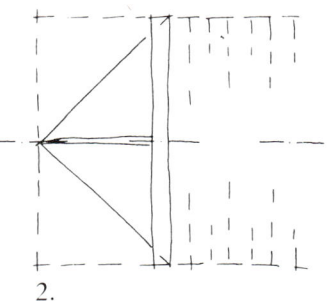

1.   2.

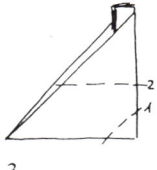

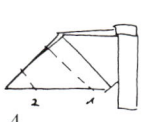

3.   4.

5.

6.

Ostern

Jedes Jahr zu Ostern stellt man sich erneut die
Frage, wie man diesmal den Ostertisch dekorieren
soll. Schon zum Frühstück am Ostersonntag können Sie mit ein paar Origami-Figuren zur Oster-
dekoration beitragen. Wenn Sie sich ein paar Tage
vorher Zeit genommen haben, einige „Osterhühner"
zu falten, so können sie gefüllt mit süßen Ostereiern auf den Tisch gestellt werden. Für die Form
des Osterhuhns können Sie feste, gemusterte
Papiere wählen, in die Sie einfarbige Eier legen.
Oder Sie nehmen ein schlichtes Papier und füllen es
mit mehreren bunten Eiern.

Damit die Figur gut steht, brauchen Sie starkes,
festes Papier. Wollen Sie das Osterhuhn ohne Füllung nur zur Zierde auf den gedeckten Tisch stellen,
so können Sie auch ein weicheres, leichtes Papier
nehmen.

Osterhuhn

1. Ein quadratisches Papier wird an seinen Senkrechten gefaltet, und die beiden linken Ecken
   werden zum Mittelpunkt hin geknickt.
2. Die rechte Hälfte des Papiers wie eine Ziehhar-
   monika falten.
3. Die Figur nach oben zusammenklappen. An der
   Hilfslinie 1 eine Gegenbruchfalte arbeiten und an
   der Hilfslinie 2 nach vorne, bzw. nach hinten
   aufklappen.
4. An der Hilfslinie 1 eine Gegenbruchfalte arbeiten
   und dann für den Schnabel an der Linie 2 eine
   Gegenbruchfalte arbeiten.
5. Die ziehharmonikaartigen Flügel nun nach oben
   klappen,
6. auseinanderziehen und zusammenkleben.

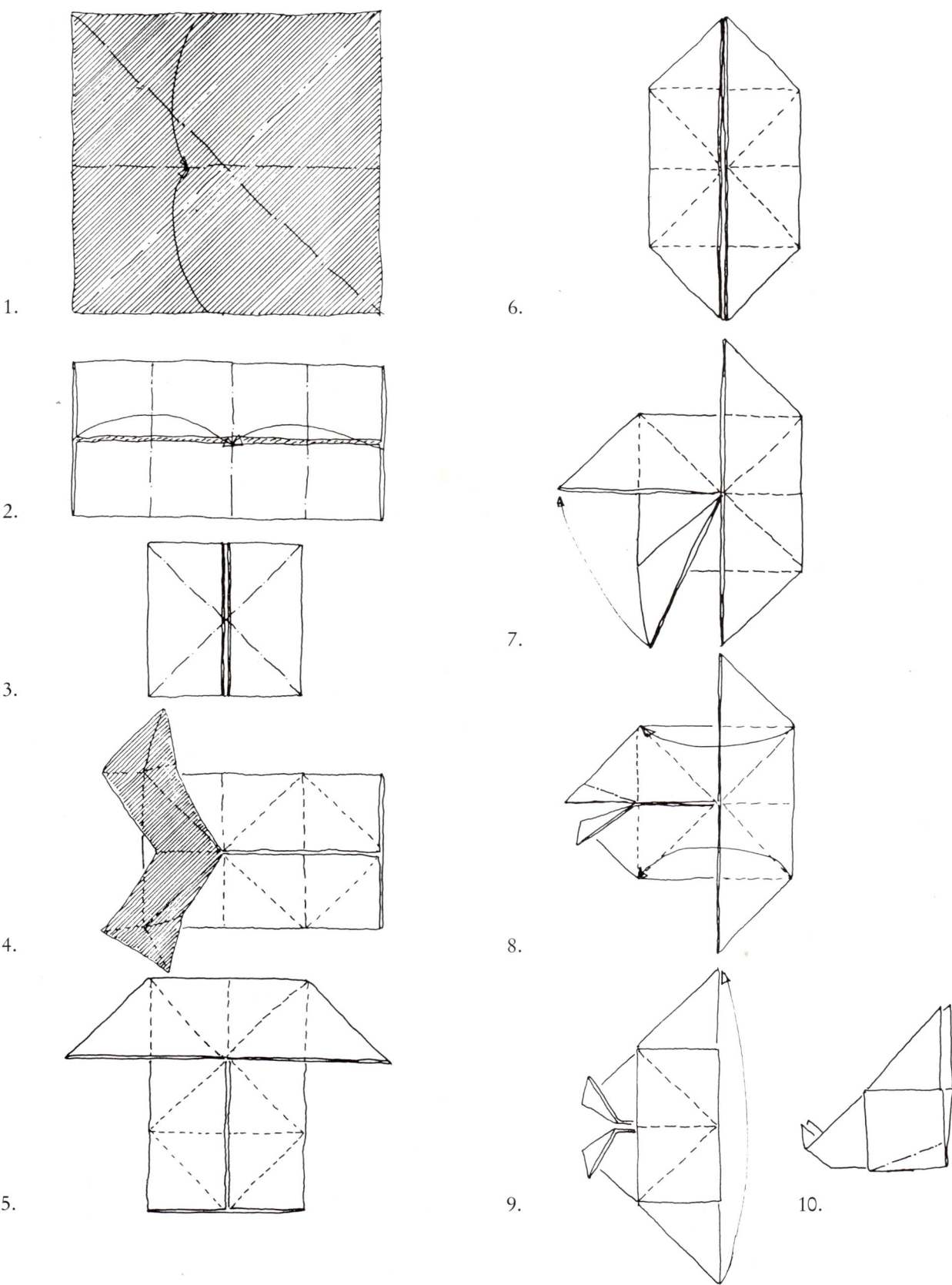

1.

2.

3.

4.

5.

6.

7.

8.

9.

10.

Für den Tee- und Kaffeetisch am Nachmittag oder für den Mocca nach dem Essen zieren Schmetterlinge den Teller mit Ostereiern. Diese Figur des Schmetterlings kann zu vielen Jahreszeiten als Dekoration dienen, doch im Frühjahr und Frühsommer sind auch in der Natur die ersten Schmetterlinge zu finden. So haben wir diese Origami-Figur für den österlichen Tisch als Vorboten des schönen Wetters gewählt.

Auch bei dieser Papierwahl sind Ihre Kreativität und Ihr Farbempfinden gefragt. Wir haben die Farben einer Frühlingsprimel gewählt – Lila und Gelb – und Schmetterlinge in diesen Tönen auf Teller und Blume gesetzt. Als dritte Möglichkeit können Sie die Form des „Wasserhuhns" für Ihre Ostertischdekoration verwenden. Auch hier können Sie die Form wie beim „Osterhuhn" füllen.

Schmetterling

1. Ein quadratisches Blatt Papier von links diagonal und in der Mitte entlang der gezeichneten Linien in Talfalten legen und die obere und untere Seite zur Mitte hin falten.
2. Rechte und linke Seite zur Mitte klappen.
3. Nochmals diagonal falten.
4. + 5. wieder seitlich aufklappen. Die beiden linken Ecken anheben und die Ecken über die Diagonalen zur Mitte hin nach oben und unten falten.
6. Rechte Seiten wiederholen.
7. Auf der linken Seite die Ecken oben und unten anheben und über die Diagonalen nach links legen.
8. In die linken Spitzen kleine Ecken nach oben und unten falten und die rechte Hälfte auf die linke Seite klappen.
9. Die untere Hälfte nach oben falten und an der Hilfslinie eine Falte nach vorn und hinten legen. Den Schmetterling aufklappen und umdrehen.

Wasserhuhn

1. In ein quadratisches Stück Papier entlang der Diagonalen eine Talfalte legen.
2. Die obere und untere Spitze entlang der gestrichelten Linie zur Mitte hin falten.
3. Die untere Hälfte nach oben klappen.
4. Entlang der gestrichelten Linie an der rechten Spitze eine Falte nach vorn und nach hinten legen, wieder öffnen und in die Mitte nach innen legen.
5. Gegenbruchfalten entlang der zwei Linien auf der linken Seite legen.
6. Wieder eine Gegenbruchfalte in die linke obere Spitze legen, diesmal die Falte nach außen arbeiten.

7. In den linken Teil entlang der zwei gestrichelten Linien Gegenbruchfalten für den Schnabel legen.
8. Auf der rechten Seite an der gestrichelten Linie vorn und hinten Falten nach innen legen.
9. Nun kann das Wasserhuhn stehen.

Die kleinen Wasserhühner geben auch ungefüllt als kleine Gruppen oder Familien Ihrem gedeckten Tisch eine Osterstimmung. Besonders gut eignet sich hier die Farbe Gelb.

Nun können Sie natürlich auch alle drei Origami-Oster-Figuren zueinanderstellen. Wichtig dabei ist nur die aufeinander abgestimmte Farb- und Materialwahl.

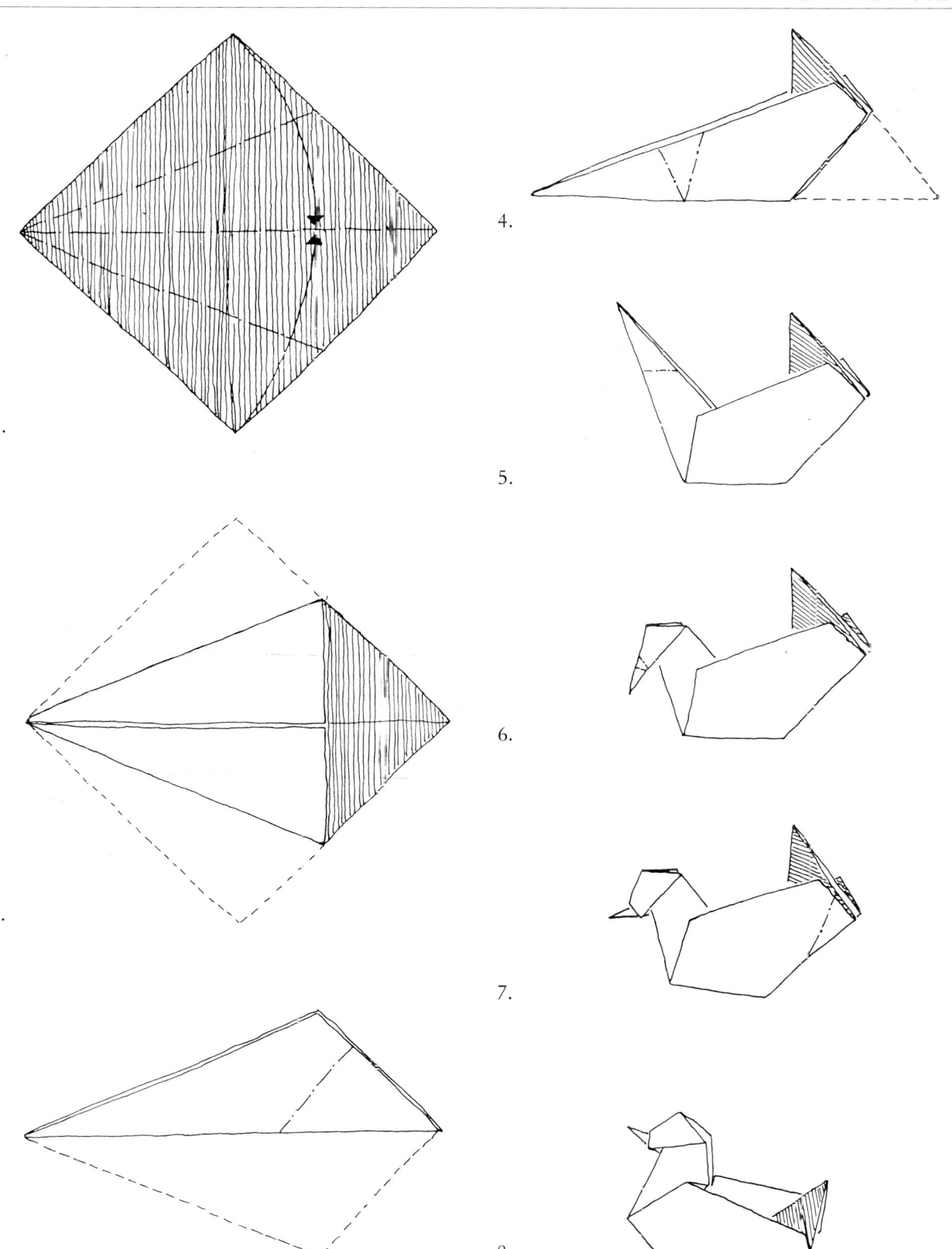

1.

2.

3.

4.

5.

6.

7.

8.

Weihnachten

Zu Weihnachten stellt sich, genau wie zu Ostern, jedes Jahr die Frage nach passender Tischdekoration. Welche Farben wählt man in diesem Jahr, welche Materialien, glänzend oder matt, bunt oder Ton in Ton?

Wir zeigen Ihnen nur ein paar Möglichkeiten. Sie haben sicherlich noch viel mehr Ideen.

Als erstes zeigen wir einen „Weihnachtsstern". Er ist einfach nachzuarbeiten und läßt Ihre Tannenzweige die ganze Weihnachtszeit über „blühen". Drei Faltfiguren werden zu einem Weihnachtsstern mit einem Blumendraht zusammengehalten und in die Vase oder direkt an die Tannenzweige gesteckt. Hier können Sie der Papierwahl freien Lauf lassen. Fast alle Materialien können verwendet werden. In der Farbe Rot wirkt der Weihnachtsstern sehr überzeugend.

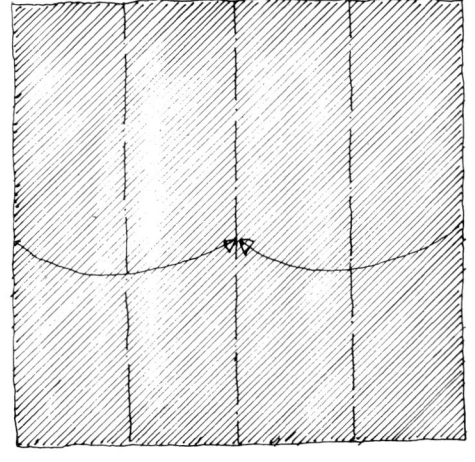

1.

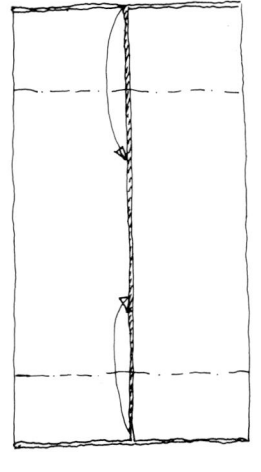

2.

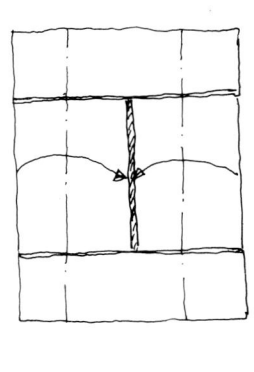

3.

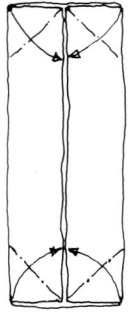

4.

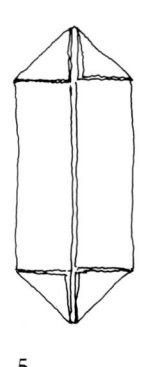

5.

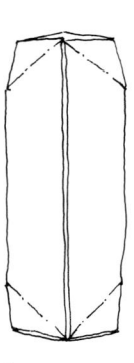

6.

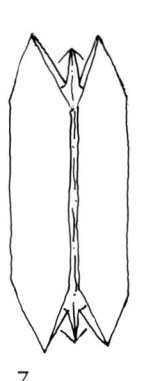

7.

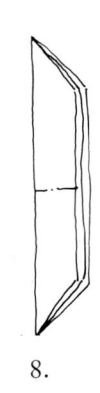

8.

Weihnachtsstern

1. Das Quadrat in der Mitte entlang der gestrichelten Linie falten. Dann die rechte und die linke Seite zur Mitte hin falten.
2. Oberen Teil entlang der gestrichelten Linie nach unten und unteren Teil nach oben legen.
3. Die Seiten nochmals halbieren und zur Mitte hin falten.
4. + 5. Die vier Ecken an der gestrichelten Linie zur Mitte hin knicken.
6. Die Ecken wieder öffnen und
7. am Knick nach innen falten.
8. Die rechte Seite rückwärts auf die linke legen, so daß rechts die offenen Seiten liegen.
9. In der Mitte nach oben falten und
10. umdrehen. Sechs dieser Formen mit Draht zusammengehalten, ergibt eine Blüte.

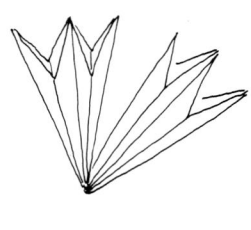

9.

10.

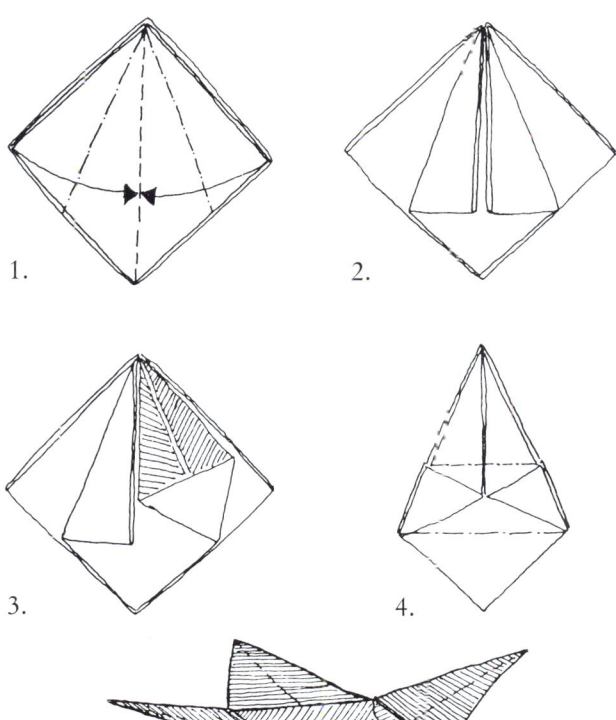

1.

2.

3.

4.

5.

Die Figur der Sterndose ist auf dem weihnachtlich gedeckten Tisch eine passende Dekoration. Sie kann mit Nüssen oder weihnachtlichen Süßigkeiten gefüllt werden. Auch für diese Figur brauchen Sie ein festes Papier, das auf beiden Seiten gefärbt ist. Auffallend schön wird diese Dose, wenn das Papier zwei unterschiedliche Farbseiten hat. Kleine Sterndosen aus silberfarbenem oder goldfarbenem Metallpapier eignen sich gut zur Geschenkverpackung. Hierin können Sie ein Schmuckstück verschenken – eine sehr weihnachtliche Verpackung.

Sterndose

1. Die „Lilie" bis zur Figur 3 falten und drehen, so daß die offenen Teile oben liegen.
2. Die rechte und linke Spitze zur Mitte hin falten.
3. Die Spitzen öffnen und aufgeklappt flachstreichen.
4. Auf allen vier Seiten wiederholen. Zwei waagerechte Falten entlang der gestrichelten Linien legen.
5. Die vier Spitzen nach außen ziehen und die untere Spitze nach innen drücken, bis ein flacher Boden entsteht.

33

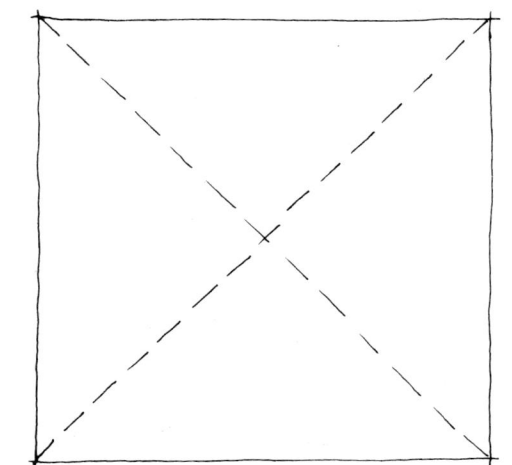

1.

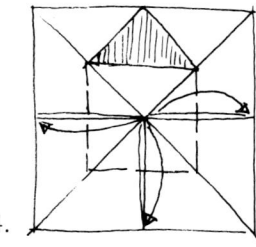

4.

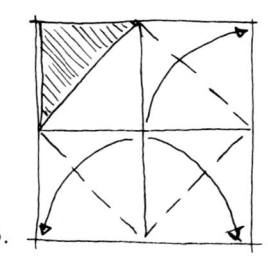

5.

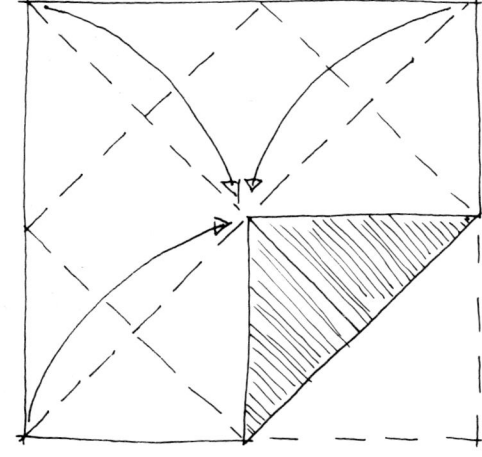

2.

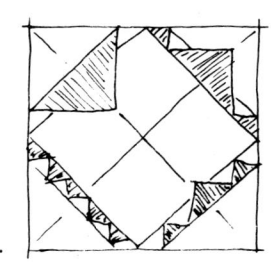

6.

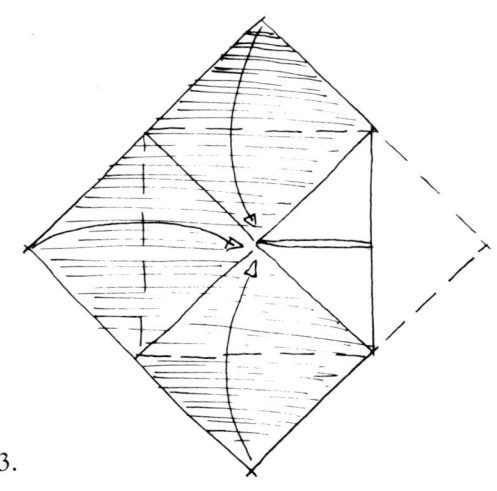

3.

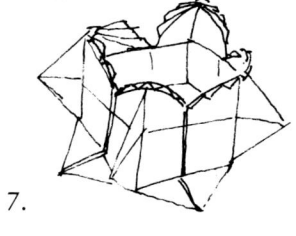

7.

Als dritte Dekoration haben wir die „Spanische Schachtel" gewählt. In der Art des Papiers liegt hier die weihnachtliche Stimmung. Die typischen Weihnachtsbastelpapiere – Metallfolien, eine Seite gold- oder silberfarben, die andere Seite in Blau, Grün oder Rot – sind für diese Schachtel gut geeignet. Der Reiz dieser Origami-Figur liegt in der Zackenfaltung der Ränder. Diese Formen sind sehr stabil und können gut gefüllt werden. Auch hier können Sie Nüsse und Weihnachtsgebäck oder kleine Geschenke hineinlegen.

Spanische Schachtel

1. Ein quadratisches Papier an den Diagonalen falten.
2. Mit den 4 Spitzen zur Mitte hin falten.
3. Das Ganze umdrehen und wieder die 4 Spitzen zur Mitte hin knicken.
4. Diese Spitzen jetzt zum Rand hin aufknicken.
5. Wiederum umdrehen und die Spitzen von der Mitte aus aufklappen.
6. Die so entstandenen Dreiecke werden ziehharmonikaartig gefaltet.
7. Die 4 Ecken nacheinander zusammendrücken und aufrichten.

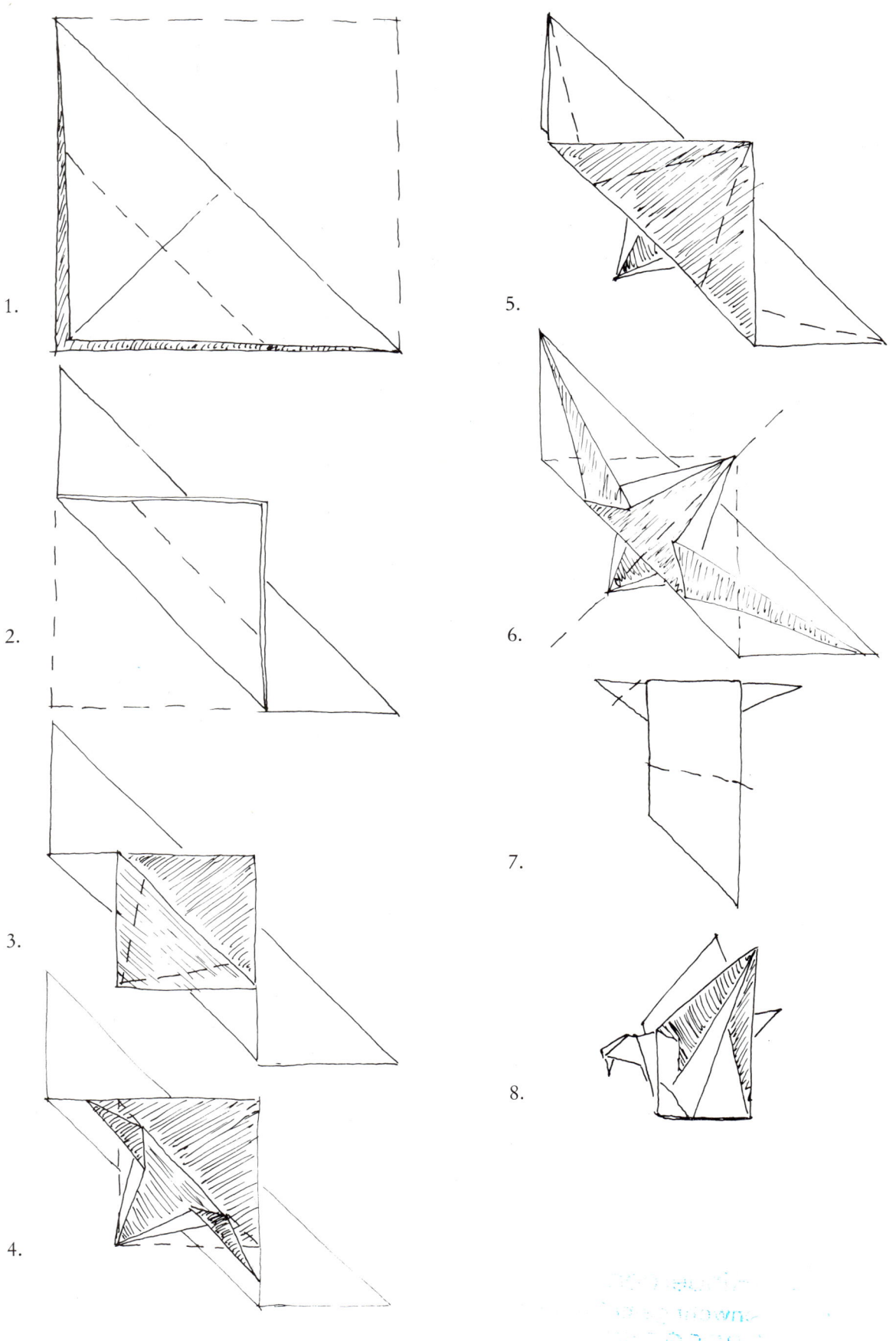

1.

2.

3.

4.

5.

6.

7.

8.

Tischkarten

Einem festlich gedeckten Tisch geben Tischkarten mit den Namen der Gäste eine persönliche Note.

Wir haben für unsere Tischkarten die Origami-Figur „Vogel" gewählt und ihr ein Namensschild an den Schnabel gesteckt. Die Form des Vogels kann vielfältige Anwendung finden. Uns gefiel ein gemusterter Vogel mit Kärtchen im Schnabel als Tischdekoration auf der Kaffeetafel besonders gut. Passend zu altem Porzellan können Sie farbige Papiere wählen. Die Vogelform verträgt kleingemusterte Papiere.

Vogel

1. Ein quadratisches Papier in beiden Diagonalen falten. An einer Diagonalen zusammenklappen und an der Hilfslinie parallel zur Diagonalen die beiden Spitzen wieder zurückknicken.
2. An der Hilfslinie entlang die Spitze öffnen.
3. An der gestrichelten Linie anheben und
4. die entstehenden Dreiecke glattstreichen. Das darunterliegende Dreieck nach vorne ziehen.
5. An den gestrichelten Linien anheben und die entstehenden Dreiecke glattstreichen.
6. Beide Hälften zusammenklappen.
7. Für den Kopf eine Gegenbruchfalte arbeiten und
8. die Flügel nach oben knicken.

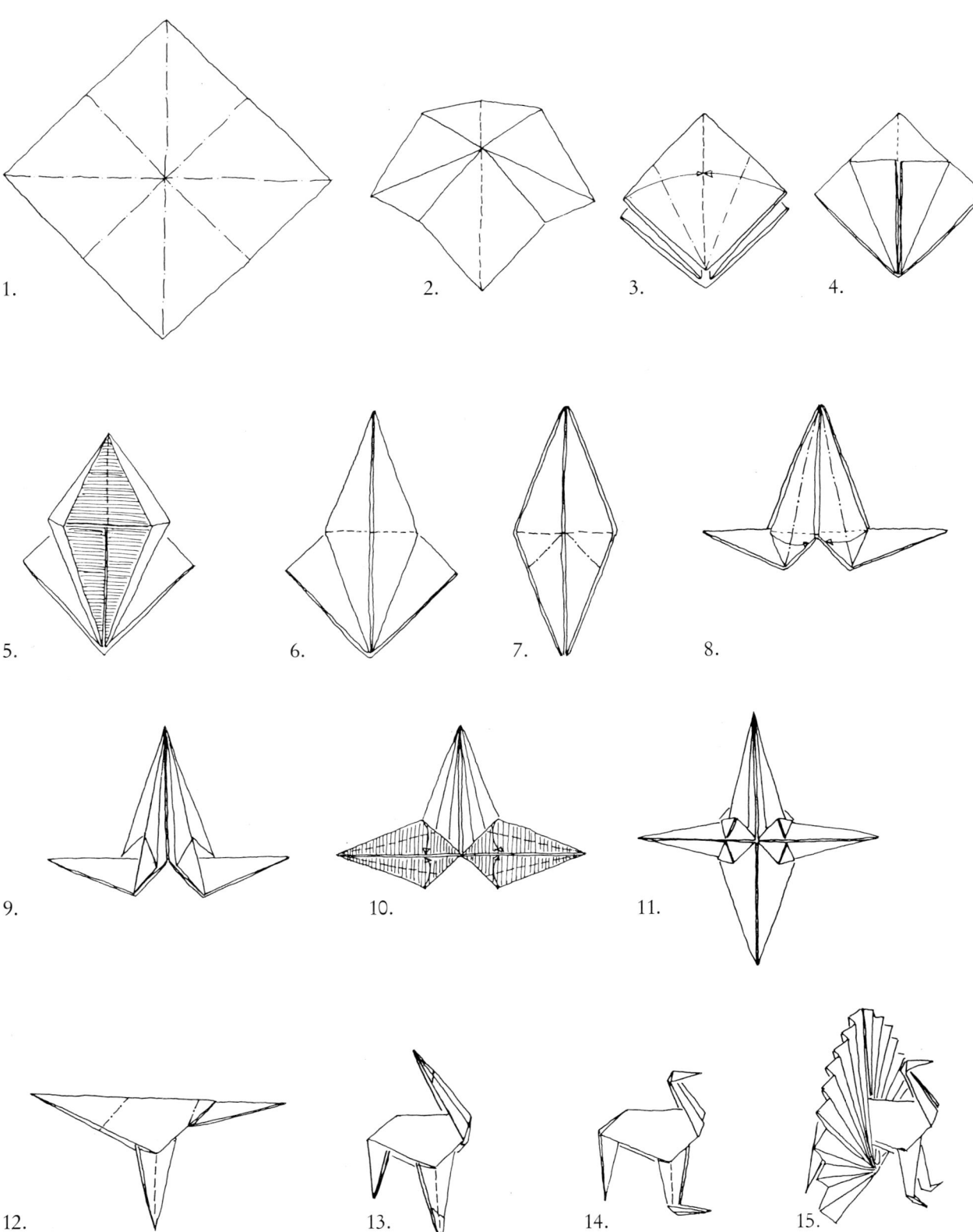

1.

2.

3.

4.

5.

6.

7.

8.

9.

10.

11.

12.

13.

14.

15.

Pfau

1. Ein quadratisches Blatt Papier diagonal in Bergfalten legen. Die Mittellinien in Talfalten legen.
2. Die rechte und linke Talfalte nach innen stekken,
3. so daß wieder ein Quadrat entsteht.
4. Die rechte und linke Seite entlang der gestrichelten Linie zur Mitte hin falten.
5. Faltung wieder öffnen und die innenliegende Spitze vorsichtig nach oben klappen.
6. Obere Spitze ziehen, bis die Kanten an der Mittellinie zusammenstoßen.
7. Auf der hinteren Seite die Faltungen wiederholen und entlang der gestrichelten Linie eine Falte erst nach vorn und dann nach hinten legen.
8. Wieder öffnen und die unteren Spitzen nach innen zwischen die zwei Seiten knicken.
9. In die obere rechte und linke Spitze entlang der gestrichelten Linien eine Faltung zur Mitte hin legen.
10. Den rechten und linken Flügel nach oben aufklappen und entlang der gestrichelten Linie die Seiten nach vorn zur Mitte hin falten.
11. Den hinteren breiten Flügel nach unten klappen.
12. Die linke Seite entlang der Mittellinie auf die rechte legen und eine Vierteldrehung nach rechts machen.
13. Entlang der gestrichelten Linie an der linken Spitze eine Faltung nach vorn und nach hinten für den Schwanz legen.
    An der rechten Spitze entlang der gestrichelten Linie eine Faltung nach vorn und hinten für den Hals legen. Beide Faltungen wieder öffnen und nach innen in die Mitte legen.
14. An der Spitze des Halses eine Falte nach beiden Seiten für den Kopf legen und die Falte nach innen stecken. Für die Füße die untere vordere Spitze nach vorn knicken und die hintere Spitze nach hinten. Nun kann der Pfau mit Unterstützung des Schwanzes stehen.
15. Ein zweites quadratisches Stück Papier in enge Ziehharmonikafalten legen und in der Mitte oben zusammenkleben. Den Pfau durch den offen gebliebenen Teil schieben.

Eine weitere Möglichkeit der Tischkartenform ist die Figur „Pfau". Die Faltung ist kompliziert und nimmt viel Zeit in Anspruch. Aber die Mühe lohnt sich. In prächtigen Farben kann der Pfau sein Rad schlagen. Hierfür benötigen Sie zwei quadratische feste Papiere. Eins für die Figur und eins für das Rad. Sie können durchaus zwei unterschiedliche Farben wählen. Auf die oberen Falten des Rads werden die Namen Ihrer Gäste geschrieben.

Ist Ihre Tischdekoration schlicht weiß – wie bei uns auf dem Foto –, darf der Pfau in kräftiger Farbe erscheinen und Ihrem Tisch leuchtende Akzente setzen.

Einladungskarten

Wenn Sie liebe Gäste bewirten möchten und auch schon Ideen für Ihre Tischdekoration haben, so überraschen Sie doch mit einer Einladungskarte aus einer Origami-Figur, passend zum Essen.

Die Form des „Fischs" eignet sich als Einladungskarte zu einem Fischessen. Dazu passen durchschimmernde Papiere in blauen und grünen Farbtönen. Den Text können Sie direkt auf den Fisch schreiben und ihn im Briefumschlag verschicken.

Gibt es eine Einladung zu einer Segelbootsfahrt, so wäre hierzu die Origami-Figur „Segelboot" passend. Eine Vorfreude auf einen gemeinsamen Segeltörn mit Freunden erlebt man schon beim Beschriften der Figuren.

Hierzu schreibt man Ort und Zeitpunkt direkt auf die Bootsformen. Mit den Farben Silber, Blau und Grün unterstreicht man noch die Stimmung der zu erwartenden Bootsfahrt.

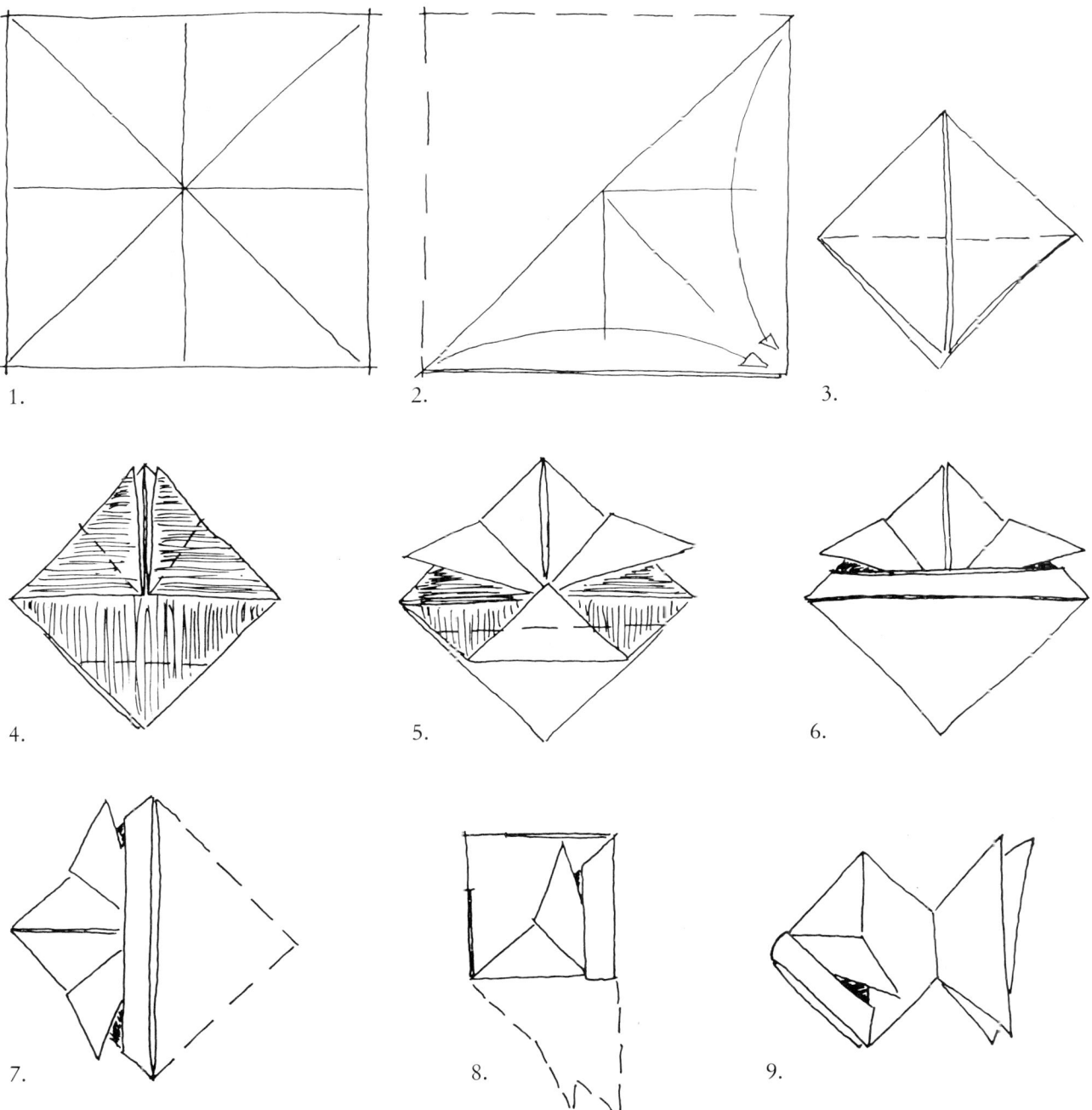

1.

2.

3.

4.

5.

6.

7.

8.

9.

Fisch

1. Ein quadratisches Papier an beiden Senkrechten und Diagonalen falten, dann an einer Diagonalen das Papier zusammenklappen.
2. Die rechte und linke äußere Spitze nun zur Mitte hin falten.
3. An der Hilfslinie beide Spitzen nach oben knicken.
4. Flügel nach unten falten. Untere Spitze nach oben knicken.
5. Noch einmal zur Mitte hin falten und einmal darüber.
6. Dreieck nach hinten unter die Figur klappen.
7. Die Figur öffnen und neu zusammenklappen.
8. Auf der Ober- und Unterseite des weggeklappten Dreiecks für die Schwanzflosse einschneiden und
9. aufklappen.

Fensterdekoration

Mobile fürs Kinderzimmer

Viele Tierfiguren lassen sich für ein Mobile verwenden. Sie können unter mehreren Origami-Formen wählen. Wir haben uns für die Form des fliegenden „Kranichs" entschieden. In weißer und blauer Farbe wirkt der Kranich vor weißen Wänden und grünen Pflanzen ganz besonders leicht und schwebend.

Die Form des Kranichs benötigt viele Faltvorgänge und genaues Arbeiten. Geeignet sind alle festen, beidseitig gefärbten Papiere. Die passende Mobilevorrichtung finden Sie in jedem Bastelgeschäft.

Kranich

1. Für den Kranich die Figur „Pfau" bis zur Faltung 7 fertigen.
2. Die rechte und linke Seite entlang der gestrichelten Linie zur Mitte hin falten. Auf der Rückseite die Faltung wiederholen.
3. In die unteren Flügel eine Falte entlang der gestrichelten Linie nach vorn und hinten legen, wieder öffnen und nach innen knicken.
4. In die rechte Spitze eine Falte für den Kopf nach innen legen.
5. Dann das obere Flügelpaar aufklappen und nach außen ziehen.

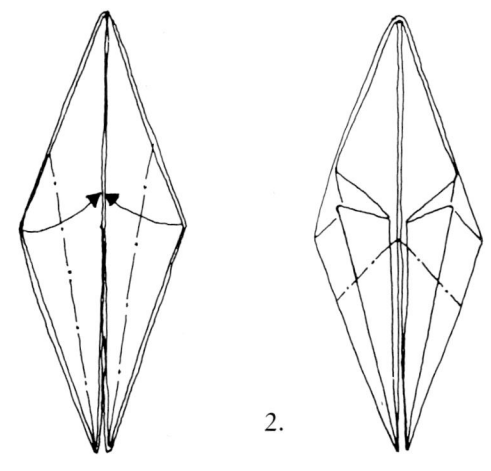

1.　　　　2.

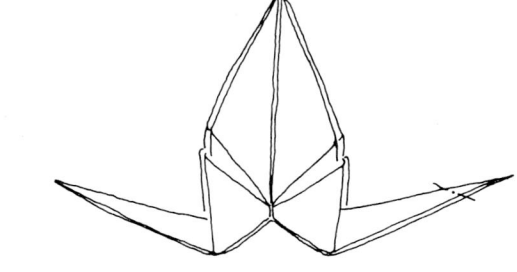

3.

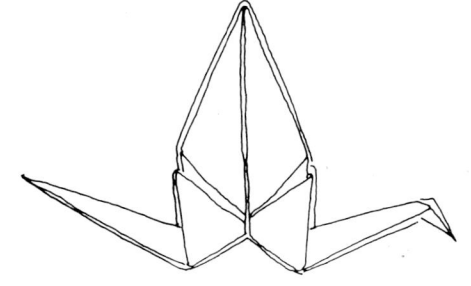

4.

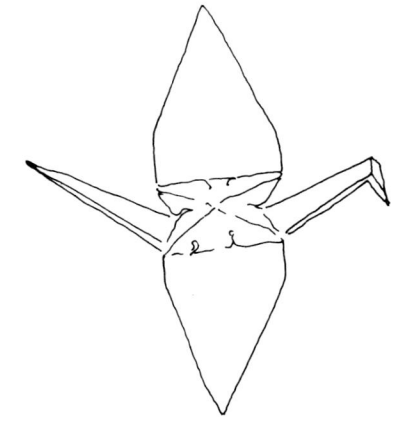

5.

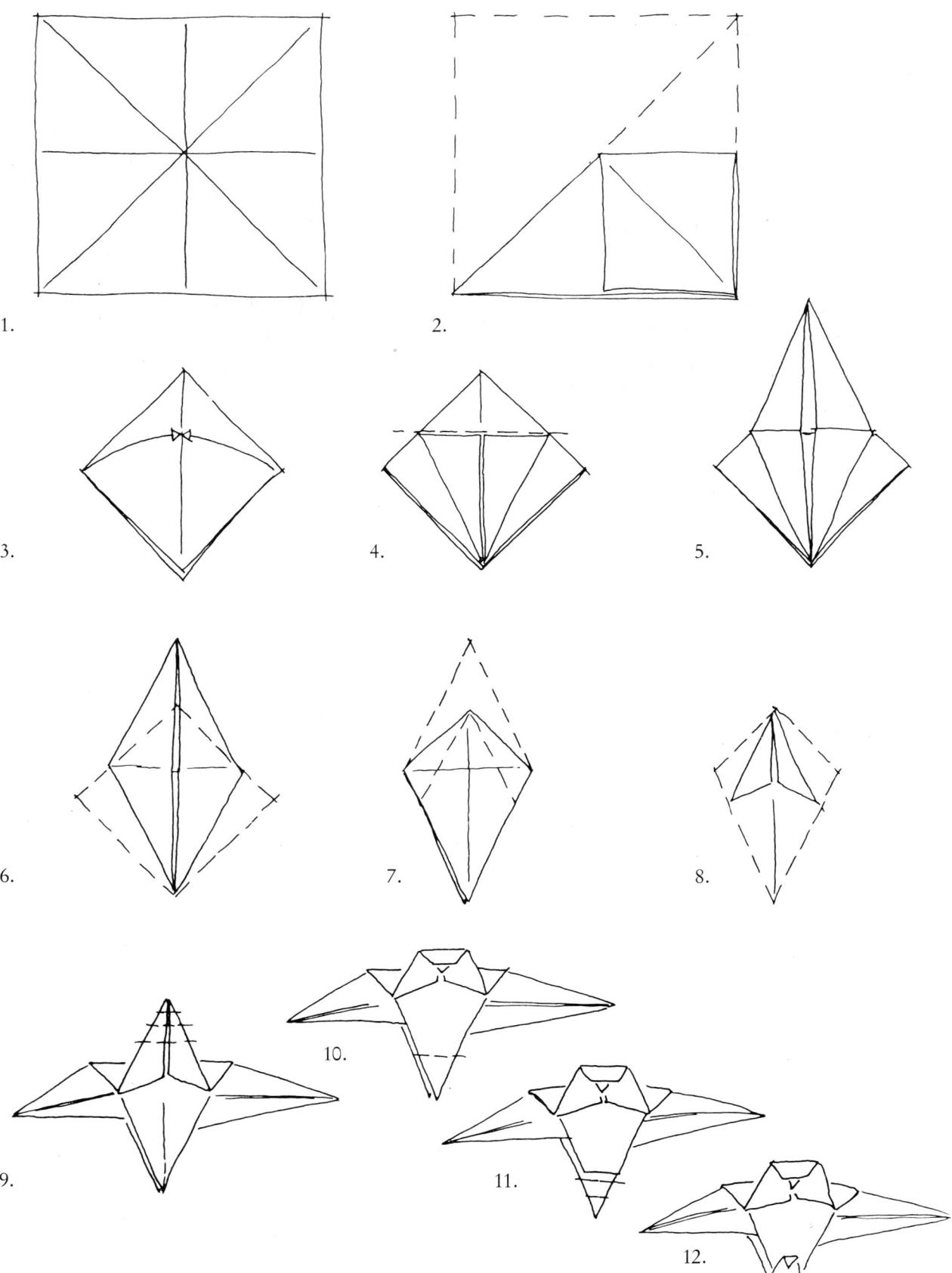

1.

2.

3.

4.

5.

6.

7.

8.

9.

10.

11.

12.

Als zweite Form für ein Mobile wählten wir die
„Eule".

In vielen bunten Farben wird dieses Mobile im
Kinderzimmer jedes Kind erfreuen. Selbst schon die
Kleinsten in der Wiege werden mit ihren Augen der
Bewegung der bunten Eulen freudig folgen.

Die Origami-Figur der Eule dauert etwas länger
in der Anfertigung. Aber die Mühe lohnt sich. Die
bunten Figuren bewegen sich spielerisch im kleinsten Windzug.

Eule

 1. Ein quadratisches Papier an beiden Senkrechten
    und beiden Diagonalen falten.
 2. An einer Diagonalen entlang falten, die eine
    Hälfte des Dreiecks anheben, öffnen und flach-
    drücken.
 3. Das Papier wenden und den vorherigen Ar-
    beitsgang wiederholen. Die rechte und linke
    Seite zur Mittellinie hin falten.
 4. Das obere Dreieck nach vorne knicken und bis
    zu Punkt 3 wieder auffalten.
 5. Die untere Spitze des oberen Flügels nun öffnen
    und hochziehen. An den vorgefalteten Linien
    die Figur glattstreichen.
 6. Das Papier wenden und den Vorgang ab Punkt
    3 wiederholen.
 7. Die vordere und die hintere Spitze werden nun
    nach unten gefaltet und an den Hilfslinien sowie
    auch hinten gearbeitet.
 8. Den linken innenliegenden Flügel aus der Figur
    herausziehen, öffnen und glattstreichen. Das
    gleiche ebenfalls mit dem rechten Flügel.
 9. Für Kopf und Schnabel an den Hilfslinien ent-
    lang knicken.
10. Für die Greifer die vordere Spitze an der Hilfs-
    linie nach innen wegklappen und
11. von der hinteren Spitze nach vorne vorziehen,
    dann
12. ausarbeiten.

Weihnachtsdekoration

Für eine Fensterdekoration zur Weihnachtszeit eignet sich die Origami-Figur „Stern" besonders gut. Hierfür können Sie glänzende und changierende feste Papiere nehmen.

Vor dem winterlichen Fenster an die Scheibe gehängt, schimmern diese Sterne und geben dem Raum eine weihnachtliche Stimmung. Papiere in den winterlich kühlen Farben Weiß und Blau glänzend und Silber oder Gold passen am besten zu dieser Jahreszeit.

Einzelne große Sterne oder Gruppen aus kleineren Figuren, einfarbig oder bunt zusammengehängt, ergeben für jedes Jahr zur Weihnachtszeit ein anderes Bild.

Stern

1. Die Figur „Pfau" bis zur Form 7 falten und drehen, so daß die offenen Spitzen oben liegen.
2. Die vordere obere Spitze nach unten klappen, die Figur umdrehen und den Vorgang auf der Rückseite wiederholen.
3. Entlang der gestrichelten Linie die untere Spitze wieder nach oben falten.
4. An der gestrichelten Linie rechts und links eine Falte nach oben legen.
5. Auf allen vier Seiten wiederholen.
6. Die oberen Spitzen vorsichtig öffnen und
7. nach außen ziehen.

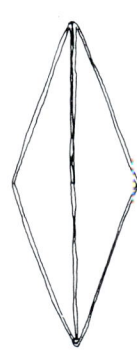

1.

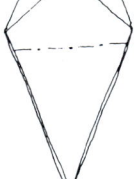

2.

3.

4.

5.

6.

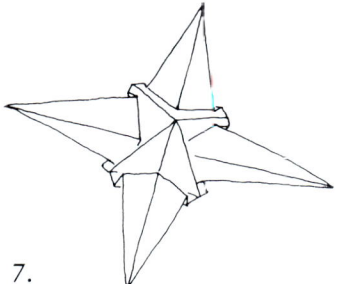

7.

Pflanzendekoration

Blumensträuße

Sind Sie auch schon mal in die Situation gekommen, eingeladen zu sein und keinen Blumenstrauß mehr kaufen zu können? Mit den nicht verblühenden Origami-Blüten haben Sie immer etwas „Geschenkvorrat" zu Hause.

Natürlich schön ist die Blüte der „Lilie". In aufeinander abgestimmten Farben, die Blüten mit einer langen Nadel in kurze Bambusstäbe gesteckt und zusammengebunden, blüht dieser Strauß lange Zeit dekorativ in Ihrer Wohnung. Auch als einzelne Blüte kann man die Lilie verschenken. Hierzu steckt man zwei unterschiedlich große Blüten in verschiedenen Farben ineinander. Ihrer persönlichen Farbzusammenstellung sind keine Grenzen gesetzt.

Die Origami-Figur „Lilie" ist eine aufwendige Form mit vielen Faltungen. Wenn Sie eine gefüllte Lilie wollen – zwei Blüten ineinandergesteckt –, brauchen Sie etwas mehr Zeit. Doch das Ergebnis lohnt den Aufwand. Nach der dritten oder vierten Blüte geht der Faltvorgang dann schon etwas schneller. Das Papier sollte fest und beidseitig gefärbt sein. Papiere mit zwei unterschiedlichen Farbseiten ergeben ein interessantes Blütenbild.

Osterdekoration

Ihre Fensterdekoration zu Ostern können Sie mit allen Origami-Figuren der Ostertischdekoration gestalten.

Auf die Fensterbank gestellt oder zum Teil an die Scheiben gehängt, sind diese Formen jedes Jahr zu Ostern wieder zu verwenden.

Für unser Foto wählten wir die Form „Schmetterling".

Sie ist in ihrer Wirkung zart und leicht. An die Fensterscheibe geklebt, sieht es aus, als ob der Schmetterling fliegt. Unterschiedlich große Formen in hellen, lichten Farben lassen sich gut zur Gruppe zusammenstellen.

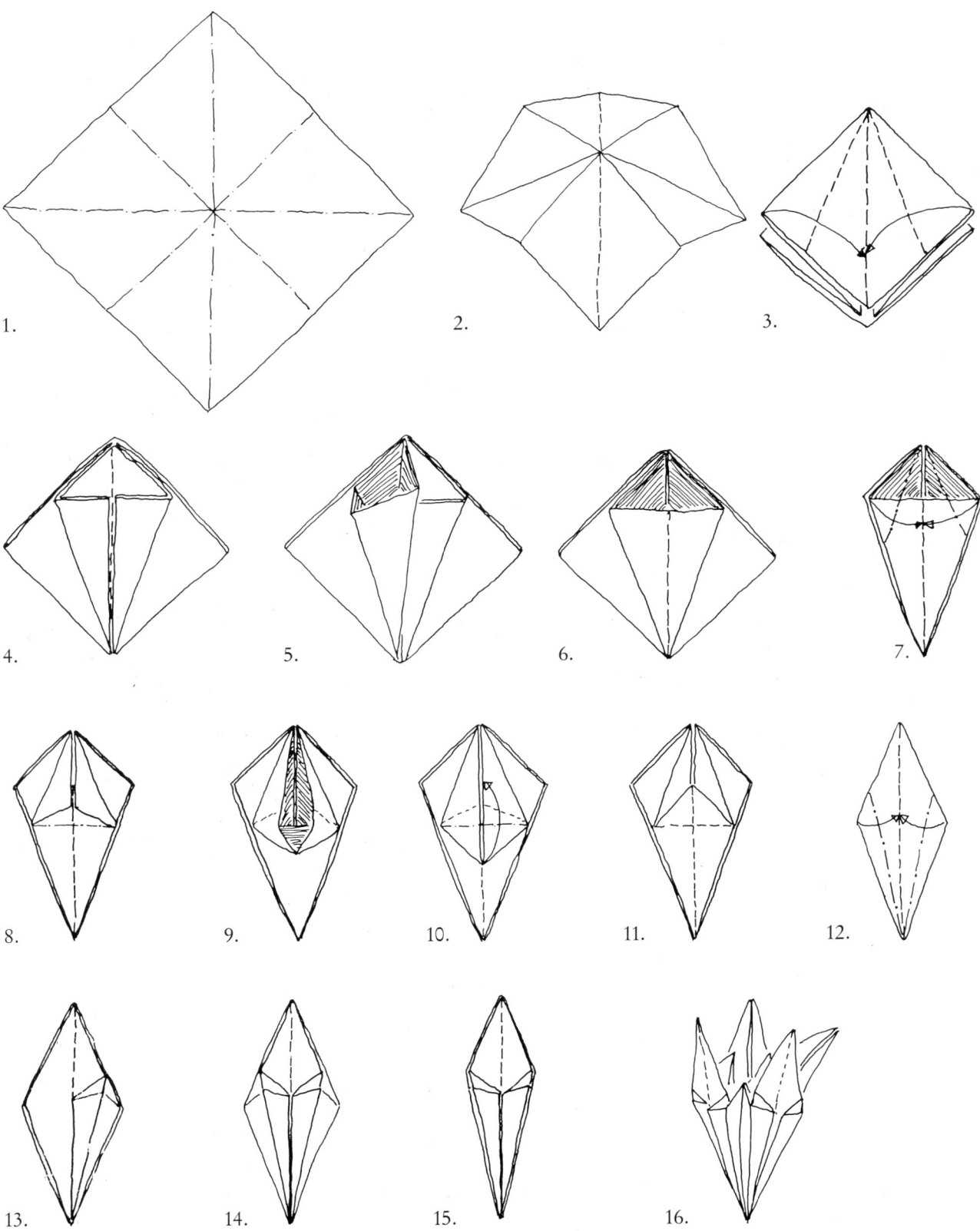

1.

2.

3.

4.

5.

6.

7.

8.

9.

10.

11.

12.

13.

14.

15.

16.

Lilie

1. In ein quadratisches Papier Bergfalten in die Diagonalen und Talfalten in die Mittellinien legen.
2. Zwei Talfalten nach innen legen, bis Form 3 entsteht.
3. Die Seiten entlang der gestrichelten Linie zur Mitte hin falten und
4. die Figur umdrehen, so daß die offenen Seiten oben liegen.
5. Die linke Falte öffnen und zur Mitte hin legen, dabei aufklappen. Dann auch die rechte Falte so legen.
6. Auf allen vier Seiten wiederholen.

7. + 8. Rechte und linke Seite entlang der gestrichelten Linie zur Mitte hin legen.
9. Wieder öffnen und eine „Tasche" nach unten legen.
10. Die untere Ecke entlang der waagerechten Linie nach oben falten.
11. Auf allen vier Seiten wiederholen.
12. Die Figur so legen, daß eine glatte, geschlossene Fläche oben liegt.
13. Dann die rechte Seite entlang der gestrichelten Linie wieder zur Mitte hin falten.
14. Die linke Seite zur Mitte hin falten,
15. auf allen vier Seiten wiederholen.
16. Die vier oberen Spitzen leicht nach außen ziehen. Vorsichtig die Spitzen über ein Falzbein nach außen ziehen.

Topfpflanzen

Die Origami-Figur „Lilie" können Sie auch zu einer Ihrer grünen Topfpflanzen stecken. Auf Blumendraht gezogen, blüht sie mitten in Ihrer Grünpflanze das ganze Jahr über.

Auch der Weihnachtsstern kann so zu jeder Jahreszeit Verwendung finden. In der Farbe Weiß blüht er leuchtend dekorativ in der Blattpflanze. Wie die Lilie, wird auch diese Blüte auf Blumendraht gezogen und unsichtbar an die Topfpflanze gesteckt. Natürlich lassen sich hier passend zu Ihrer Einrichtung alle möglichen Farben verwenden.

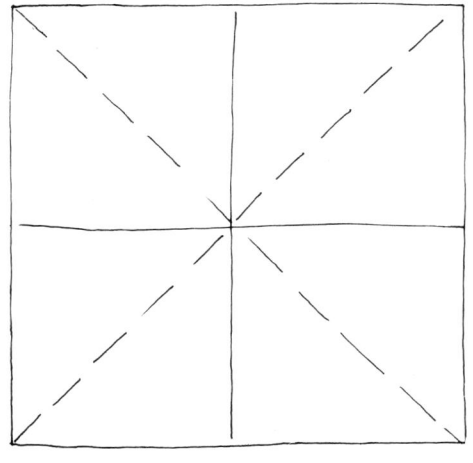

1.

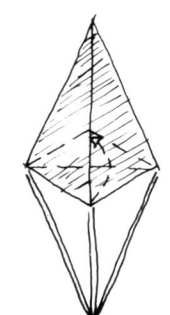

2.

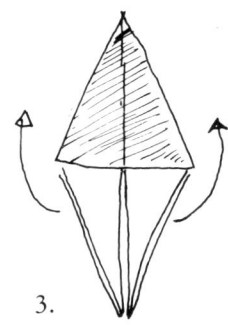

3.

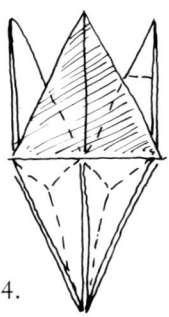

4.

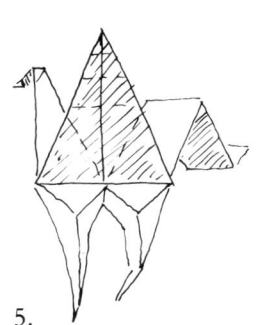

5.

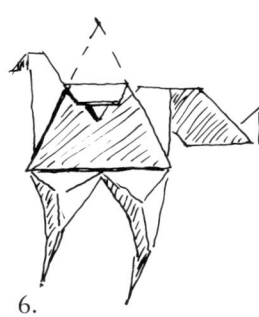

6.

Eine andere Möglichkeit eine Topfpflanze zu dekorieren ist, sie mit Origami-Tieren zu behängen. In eine größere Pflanze mit vielen Blättern können Sie die Form des Äffchens hängen. In warmen Braun- bis Rottönen klettern die Affen lustig in Ihrer Pflanze.

Die Figur des Äffchens benötigt ein festes Origami-Papier. Für die vielen Faltvorgänge benötigen Sie einen größeren Zeitaufwand.

Äffchen

1. Ein quadratisches Papier an den Senkrechten und Diagonalen falten und der Anleitung zur Irisblüte bis Punkt 11 folgen.
2. Die offenen Spitzen zeigen nach unten.
3. Die Figur locker in die Hand nehmen und ein kleines Dreieck nach innen stecken. Bei allen Teilen wiederholen.
4. Die hinteren Spitzen mit Hilfe der Gegenbruchfalte als Arme nach oben knicken. Die vorderen Spitzen durch Zusammendrücken als Beine formen.
5. Die Arme nach Belieben mit Gegenbruchfalten arbeiten und den Kopf aus dem großen Dreieck herausbilden. Kein Äffchen gleicht dem anderen.

Die Form des Schmetterlings, die viele dekorative
Möglichkeiten in der Wohnung finden kann, wurde
für unser Foto in bunten, farbenfrohen Varianten
auf eine Topfblume gesteckt. Hierzu können Sie
auch eine blühende Topfpflanze nehmen, denn
Schmetterlinge setzen sich besonders gern auf duf-
tende Blüten.

Schalen

Auch Pflanzenschalen können Sie dekorativ mit Origami-Figuren schmücken. Setzen Sie zum Beispiel ein leichtes weißes Vögelchen auf eine mit natürlichen Steinen und Steinpflanzen gefüllte Schale. Auf überwiegend grünen Pflanzen mit wenig farbigen Blüten sieht eine helle, weiße Vogelform interessant aus. Aus changierender weißer Folie gefaltet, schwebt dieser Vogel geradezu über Ihrer Topfschale.

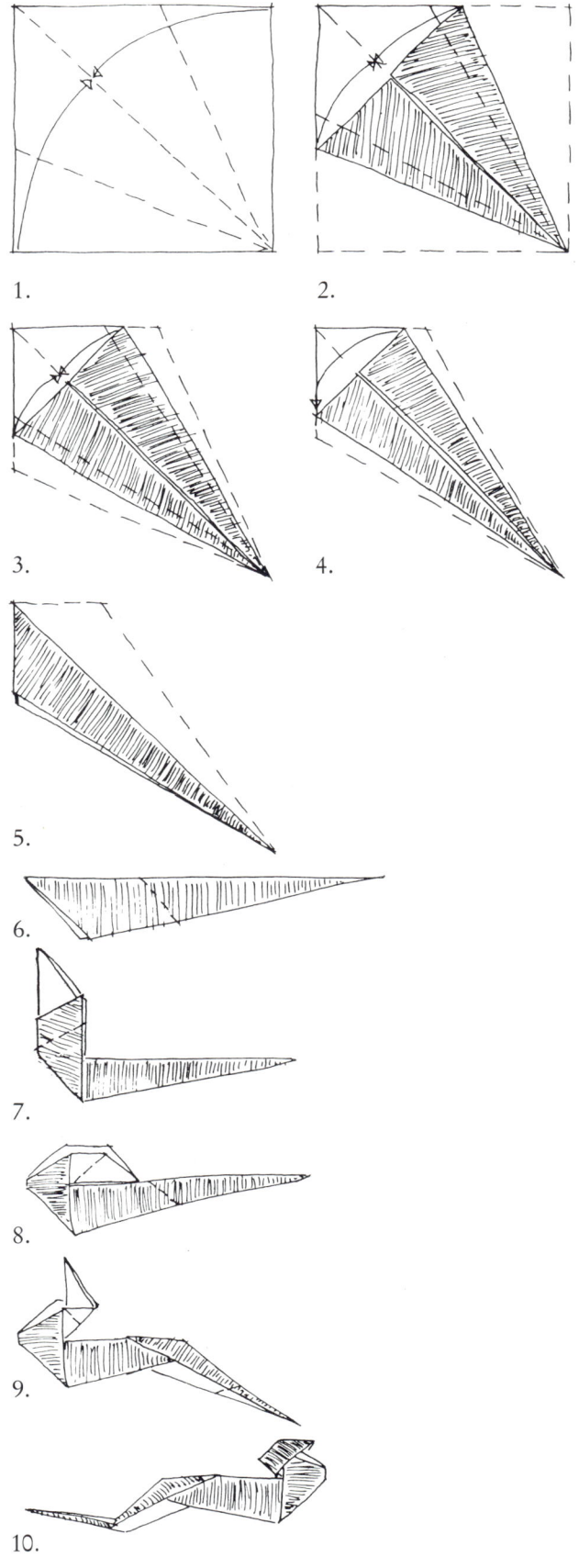

Eine weitere Figur, die sich in Ihrer Pflanzenschale dekorativ tummelt, ist die Origami-Schlange. Sie kann sich unter der Pflanze hindurchschlängeln oder am Schalenrand lauernd liegen. Die Schlange kann auch gut eine Schale mit Kakteen dekorieren.

Für die Schlange haben wir ein Papier mit Farbverlauf gewählt. So kann der Kopf der Schlange eine andere Farbe haben als der Körper und der Schwanz. Und trotzdem ist diese Origami-Schlange nur aus einem Stück Papier gefaltet.

Schlange

1. Ein quadratisches Papier wird in einer Diagonalen gefaltet. Die beiden gegenüberliegenden Enden zur Mitte hin knicken.
2. Die nun entstandenen Enden ebenfalls zur Mitte hin falten.
3. Ein drittes Mal wiederholen.
4. Die beiden Hälften komplett zusammenklappen.
5.–10. An den Hilfslinien die Figur falten und als Gegenbruchfalte arbeiten. Dabei eigene Proportionen entdecken und variieren.

Geschenk-
verpackungen

Schachteln

Nicht nur dekorativ, sondern auch sehr nützlich sind die Schachteln, die Sie als Verpackung für ein Geschenk aus einem quadratischen Stück Papier falten können. Aus glänzendem, festem Papier lassen sich die Schachteln leicht und schnell fertigen. Wenn Sie zwei Schachteln aus unterschiedlich großen Papieren falten, können Sie eine Schachtel auf die andere stecken, so daß Ihr Geschenk geschlossen verpackt ist. Nun fehlt nur noch eine schöne Schleife.

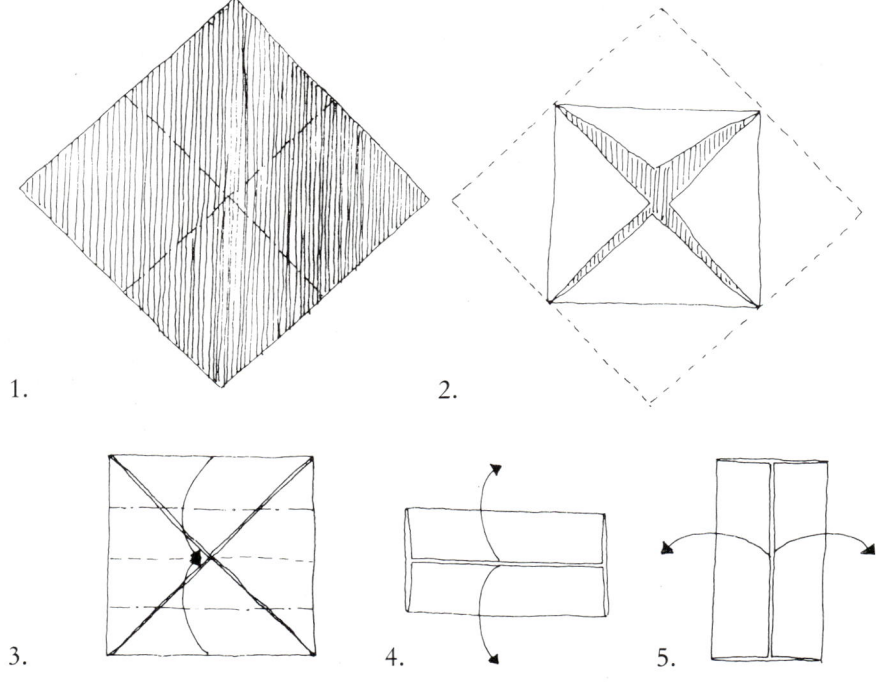

1. 2.

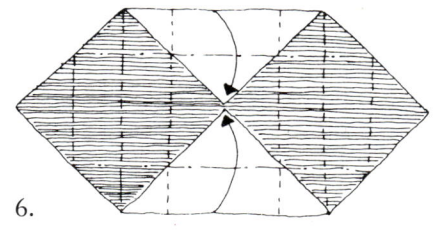

3. 4. 5.

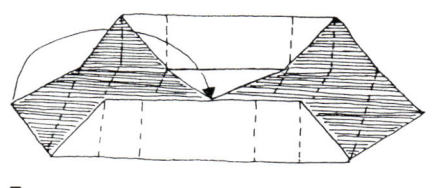

6. 7. 8.

Schachtel

1. Ein quadratisches Blatt Papier in Mittelbruchfalten legen.
2. Die vier Spitzen zur Mitte hin falten.
3. Die obere und untere Seite entlang der gestrichelten Linie zur Mitte hin falten und
4. wieder öffnen,
5. dann die rechte und linke Seite zur Mitte hin falten und wieder öffnen.
6. Die rechte und linke Spitze von der Mitte nach außen legen.
7. Den oberen und unteren Teil zur Mittellinie entlang der gestrichelten Linie falten und wieder aufrichten.
8. Nun die rechte und linke Spitze über die Seiten zur Mitte legen.

Die spanische Schachtel, die Sie schon von der Weihnachtsdekoration her kennen, haben wir hier noch einmal anders genutzt. Es stellt eine sehr ausgefallene Anwendungsmöglichkeit dar, eine spanische Schachtel als Eierbecher zu verwenden. Vielleicht haben Sie viele Gäste zum Frühstück und ein paar Eierbecher fehlen. Mit diesen nur einmal zu benutzenden Exemplaren können Sie Ihrem Frühstückstisch lustige Farbkleckse geben.

Für diese Origami-Figur müssen Sie festes Papier verwenden. An Farben stehen Ihnen alle offen, die zu Ihrem Geschirr passen.

Die Sterndose kennen Sie schon aus der Weihnachtsdekoration. Aus matten Papieren gefertigt, können Sie zu jeder Jahreszeit genutzt werden. Auf Ihrem Schreibtisch können Sie die Sterndose mit Büroklammern oder Heftzwecken füllen. In einer schlichten schwarzen Schachtel sehen bunte Nadeln sehr dekorativ aus. Sie können praktisch passend zu Ihren Schreibtischutensilien die Farbe des Papiers wählen, um daraus eine Sterndose für Ihren Arbeitsplatz zu falten.

Sterndosen als Dauerdekoration für die kleinen Süßigkeiten nach dem Essen haben wir aus dünnem, durchschimmerndem Papier gefertigt. Trotz der leichten Wirkung des Papiers sind diese Schachteln sehr stabil und lange haltbar. Sie können sie immer wieder neu füllen.

Tüten

Die Alternative zur Schachtel ist die Tüte für Ihre Geschenkverpackung. Auch sie ist schnell zu falten. Nehmen Sie dazu festes Papier. Besonders schön sieht die Verpackung aus, wenn Sie Papier mit Farbverlauf nehmen. So hat Ihrer Tüte von jeder Seite eine andere Farbe. Natürlich ist auch jedes gemusterte und einfarbige Papier dafür zu verwenden. Selbst mehrere kleine Geschenke können Sie so verpacken, da die Anfertigung relativ schnell geht und eine Gruppe von verschieden großen Tüten eine hübsche Zusammenstellung ist.

Tüte

1. In ein quadratisches Blatt Papier diagonal Bergfalten und in die Mittelbrüche Talfalten legen.
2. Die Mittelbrüche rechts und links nach innen zur Mitte hin legen. Die Figur drehen, so daß die Spitze unten liegt.
3. Rechte Spitze entlang der gestrichelten Linie nach links legen.
4. An der gestrichelten Mittellinie wieder zur Hälfte nach rechts klappen.
5. Auf der linken Seite wiederholen.
6. Die Figur umdrehen und auf der Rückseite den Faltvorgang wiederholen.
7. Die oberen vier Spitzen nach innen falten. Unten entlang der gestrichelten Linie, eine Falte nach vorn und nach hinten legen.
   Die Tüte öffnen und die untere Spitze zu einem flachen Boden nach innen drücken.
8. Um die Tüte schließen zu können, müssen zwei nach innen geklappte Spitzen wieder hochgehoben werden und über die innenliegende Mittelfalte geknickt werden.

Wir hoffen, Ihnen mit unseren Vorschlägen Anregungen gegeben zu haben, Ihre Origami-Figuren dekorativ zu nutzen. Sicherlich sind Ihnen beim Lesen noch viele weitere Varianten eingefallen, die dann Ihre ganz persönliche Dekoration ausmachen. Wir wünschen viel Freude beim Anfertigen der Figuren.

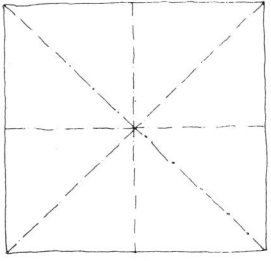

1.

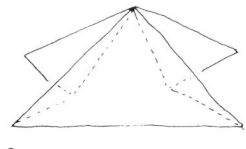

2.

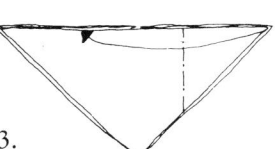

3.

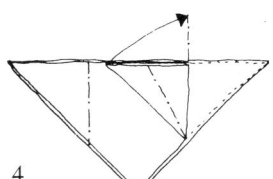

4.

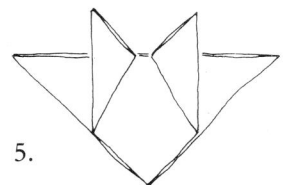

5.

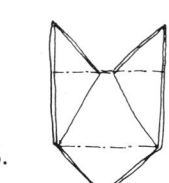

6.

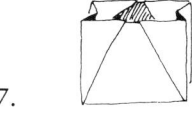

7.

8.